LE DROIT CANON

ET LE DROIT NATUREL

DANS L'AFFAIRE MORTARA

TABLE

Du même auteur :

OBSERVATIONS SUR UN DÉCRET DE LA CONGRÉGATION DE L'INDEX, ET SUR LES DOCTRINES DE QUELQUES ÉCRIVAINS. —Chez Plon, imprimeur-libraire, rue Garancière, 8.

Paris. — DE SOYE et BOUCHET, imprimeurs, place du Panthéon, 2.

LE DROIT CANON

ET

LE DROIT NATUREL

DANS L'AFFAIRE MORTARA

PAR

M. l'abbé DELACOUTURE

ANCIEN PROFESSEUR DE THÉOLOGIE.

PARIS

E. DENTU, LIBRAIRE-ÉDITEUR

PALAIS-ROYAL, 13, GALERIE D'ORLÉANS

1858

Nous avons manifesté notre opinion sur cette affaire dans une feuille publique ; mais nous n'avons pu la développer ni la motiver suffisamment. Or, c'est là une de ces questions sur lesquelles il ne faut pas s'expliquer à demi : nous lui donnons donc ici le développement nécessaire, et nous l'appuyons des preuves qu'on était en droit de nous demander. Nous croyons que la religion a moins à craindre d'une exposition franche de la vérité que du système qui veut tout défendre, tout justifier, tout préconiser, et qui suppose, à l'avance, comme un article de foi, que le pouvoir a toujours raison. Le bon sens et la sincérité chrétienne ne permettent pas d'adopter un pareil système.

Si les défenseurs du gouvernement pontifical s'étaient bornés à soutenir comme une opinion plus ou moins fondée, et avec les égards convenables pour ceux qui ne l'adoptent pas, que l'enlèvement de Bologne n'avait rien de contraire à la justice et à la religion, nous aurions pu nous taire ; mais ils ont prétendu, avec leur présomption et leur arrogance habituelles, qu'il n'était pas permis à un catholique d'avoir et d'exprimer un avis différent. C'est ce qui nous oblige de leur répondre, et de leur montrer qu'il est très-permis à un catholique, en s'appuyant non-seulement sur la raison, mais sur les principes mêmes de la religion, de ne pas approuver ce qui s'est fait à Bologne, et de décliner à cet égard, autant qu'il est possible, une fâcheuse solidarité.

Il ne faut pas laisser croire aux ennemis du catholicisme que la loi dont ils peuvent se prévaloir contre nous soit essentielle à l'Église, qu'elle découle nécessairement de ses principes, et qu'il n'est pas possible de la changer. Prouver le contraire, c'est servir la religion.

AFFAIRE MORTARA

Un fait déplorable a été tout à coup divulgué, les feuilles publiques s'en sont emparées, et en ont fait l'objet de leurs discussions. Le public a été vivement ému. Voici ce qui s'était passé dans les États-Romains.

Une famille israélite, établie à Bologne, avait à son service une servante chrétienne. Un des enfants de cette famille étant tombé malade, et se trouvant dans un état désespéré, la servante baptisa cet enfant. Au bout de quelque temps, la chose s'étant ébruitée, l'autorité ecclésiastique fit enlever l'enfant, qui fut conduit à Rome et renfermé dans l'*hospice des catéchumènes.* Ce ne fut pas sans résistance ; car une *correspondance de Bologne,* insérée dans l'*Univers,* avoue qu'il y eut alors « une explosion de dou-

« leur. » La famille fit présenter un Mémoire au gouvernement pontifical ; mais ce fut en vain. Tout le monde connaît aujourd'hui le nom de cette famille et le fait que nous venons de rappeler.

Il nous semble qu'il était facile de prévoir qu'un tel fait pouvait devenir public ; il suffisait qu'un journal en parlât pour que tous le répétassent, et il n'était pas plus difficile, suivant nous, de pressentir l'impression qui devait en résulter. Si, lorsque cette nouvelle s'est répandue, et lorsque la résistance des parents a été constatée, on eût fait droit à leurs réclamations, il est à croire que l'opinion publique se fût apaisée ; une fâcheuse controverse et l'irritation qui s'en est suivie eussent été prévenues. Il n'en a pas été ainsi. Ce qui n'a pas été moins déplorable, c'est que ceux qui se sont constitués, dans cette circonstance, les défenseurs du gouvernement pontifical, au lieu d'avoir pour l'opinion publique les ménagements qu'ils lui devaient dans une cause aussi difficile, semblent avoir pris à tâche de la froisser et de la rendre aussi hostile qu'il était possible. On voit assez que je veux parler des rédacteurs du journal *l'Univers*. Ces écrivains ne connaissent aucune modération ni dans leurs opinions, ni dans leur langage. Ils ont donc soutenu, dans la présente controverse, que la loi en vertu de laquelle le jeune Mortara avait été enlevé à sa famille et renfermé dans un hospice de Rome, était une loi générale de l'Église, observée dans tous les temps et dans tous les pays catholiques, et qu'on ne pouvait contester sans tomber dans l'hérésie ou le *naturalisme ;* enfin, que cette loi était parfaitement juste et à l'abri de toute objection sérieuse.

Nous nous proposons d'examiner : premièrement, s'il est vrai que la loi qu'on nous oppose soit une loi générale de l'Église que tout catholique est obligé d'admettre ; et en

second lieu, s'il est possible de l'accorder avec la loi naturelle. C'est là une discussion de droit canon et de droit public qui intéresse à la fois l'Église et la société. Nous tâcherons de la traiter avec toute la modération désirable,
et sans nous écarter, en aucune manière, des principes de
la doctrine catholique.

1

DROIT CANON

Voyons d'abord si cette loi, qui prescrit d'enlever à leurs familles, israélites et infidèles, les enfants baptisés, est une loi de l'Église qu'il ne soit pas permis à un catholique de contester.

Quels sont les fondements de cette loi? On invoque d'abord le 60ᵉ canon du quatrième concile de Tolède inséré au droit canon.

Le droit canon, ou *Corpus juris canonici*, est un recueil volumineux de règles disciplinaires, de décrets, de décrétales, émis en différents temps sur toutes sortes de matières, et dont une bonne partie, si je ne me trompe, est tombée en désuétude.

L'insertion d'une loi dans le *Décret de Gratien*, qui forme la première partie du droit canon, ne lui donne pas une plus grande autorité (1). Personne n'a jamais prétendu que toutes les décisions qu'il contient fussent des définitions de foi; que toutes ses prescriptions fussent irréfor-

(1) V. BENEDICT. XIV, *de Syn. Diœc.*, lib. VII, cap. 15, num. 6.

mables, et toutes les décrétales qu'il cite, d'une incontestable authenticité. Cet éclaircissement donné, venons au concile de Tolède, dont le canon 60ᵉ, relatif aux israélites, se trouve dans la seconde partie du *Décret de Gratien*, c. XXVIII, quæst. 1, c. XI.

Le concile de Tolède fut célébré en 633.

Le théologien de l'*Univers* nous dit que Sisebut, roi des des Wisigothts, ayant fait une loi pour obliger tous les juifs à recevoir le baptême, le Concile jugea cette loi injuste, l'annula, et se contenta de maintenir par son canon 60 le droit de l'Eglise sur les enfants qui avaient déjà reçu le baptême. Voici le fait : « Le roi Sisebut, raconte Désormeaux, dans son *Abrégé chronologique de l'Histoire d'Espagne*, publia un édit par lequel il condamnait à mort les juifs qui refuseraient le baptême. Ces malheureux, qui étaient très-riches et très-nombreux, pour se garantir du zèle cruel et indiscret de Sisebut, se présentaient en foule aux églises et se faisaient baptiser, pleins d'horreur pour le christianisme dont ils n'avaient pas la moindre teinture. Les plus honnêtes d'entre eux se sauvèrent dans les pays étrangers ; l'empereur Héraclius en Orient, et le roi Dagobert en France, animés du zèle contagieux de Sisebut, proposèrent une alternative un peu moins féroce, le baptême ou l'exil. »

On voit que le roi Sisebut avait un zèle qui ressemblait fort à celui d'Omar et du terrible Kaled : Crois à l'Évangile, ou je te tue. Après Sisebut vint Récared II, après Récared Suintila, et à ce dernier, qui fut détrôné, succéda Sisenand, sous le règne duquel se tint le 4ᵉ Concile de Tolède. Ce Concile défendit de contraindre les juifs à embrasser la foi ; mais il ordonna par son 60ᵉ canon, que « tous les enfants des juifs, de peur qu'ils ne se laissassent entraîner dans les erreurs de leurs parents, seraient séparés d'eux et enfermés dans des monastères, ou confiés à des personnes de piété pour être instruits dans la religion chrétienne. » C'était un moyen moins barbare et moins odieux, mais également et peut-être plus efficace d'atteindre le même but que s'était proposé Sisebut : l'extinction du judaïsme. — Voici le texte du Concile :

« Judæorum filios, vel filias, ne parentum ultro invol-
« vantur erroribus ab eorum consortio separari decerni-
« mus, deputatos aut monasteriis aut Christianis viris ac
« mulieribus Deum timentibus, ut sub eorum conversatione
« cultum fidei discant, atque in melius instituti tam in mo-
« ribus quam in fide proficiant (1). »

Ainsi ce ne sont pas seulement les enfants baptisés, comme le dit faussement l'écrivain de l'*Univers*, ce sont indistinctement tous les enfants des juifs que le Concile veut qu'on enlève à leurs parents pour les élever chrétiennement : — *Judæorum filios vel filias... ab eorum consortio separari decernimus... ut cultum fidei discant.* — Maintenant nous demandons à nos adversaires si c'est là la thèse qu'ils entendent soutenir, s'ils croient que l'Église ait le droit d'enlever tous les enfants des israélites pour en faire des chrétiens. Le concile de Tolède a donc méconnu les bornes de son autorité, puisqu'il l'étend jusque sur des

_____

(1) M. le chanoine d'Orléans Pelletier, qui nous accuse de citer *fastueusement*, devrait bien lui-même citer *exactement*. Dans sa lettre à l'*Univers* du 1ᵉʳ novembre, où il rapporte ce texte, il retranche un mot, et il en ajoute un autre qui certainement n'est pas sans importance : *baptizatos.* Il faut citer exactement, c'est la première loi de la controverse... Le mot *baptizatos* ne se trouve ni dans la lettre de Benoît XIV, ni dans le *Corpus juris canonici*, ni dans le *Synopsis conciliorum* de Cabassut. Fleury et M. Rohrbacher, dans leurs histoires ecclésiastiques, ont traduit : « tous les enfants des juifs. »

personnes qui ne sont point soumises à la juridiction ecclésiastique. *Quid mihi de iis qui foris sunt judicare*, dit saint Paul (*Ep. ad Corinth.* 1, cap. v, vers. 12.)

Le 60ᵉ canon du concile de Tolède est la source et l'origine de l'opinion du droit de l'Église sur les enfants baptisés des juifs ou des infidèles. Elle a été embrassée par les théologiens du moyen âge, partisans de la suprématie spirituelle sur le temporel, et elle a fini par passer pour incontestable dans les pays où ces théologiens dominent.

Croirait-on que le théologien de l'*Univers* a osé ranger ce 60ᵉ canon du concile de Tolède parmi ceux qui, suivant la déclaration de 1682, « ont été faits par l'esprit de Dieu et consacrés par le respect général de tout le monde ? » Cet écrivain est celui qui a le plus contribué, par ses exagérations et son langage injurieux, à envenimer cette controverse.

Nous disons donc que Benoît XIV, en s'appuyant sur le concile de Tolède, s'est appuyé sur un fondement ruineux, et la raison qu'il ajoute ne nous paraît pas plus solide.

Tel est, dit-il, l'effet du baptême. — *Hic enim baptismi effectus est.* — Nous n'avions jamais soupçonné que le baptême pût produire un pareil effet. Par le baptême nous devenons enfants de l'Église, ainsi que nous l'apprend le catéchisme, c'est-à-dire que nous sommes rendus participants des dons surnaturels dont elle est dépositaire. Par le baptême nous sommes soumis à l'autorité de l'Église. Mais quelle est la nature de cette autorité ? C'est une autorité purement spirituelle, qui n'a d'action sur nous que par les grâces spirituelles qu'elle nous accorde et dont elle peut aussi nous priver. Comment découvrir, dans ces effets du baptême, le droit d'enlever un enfant baptisé à sa famille ? il faut donc en revenir au principe. « Le baptême, dit Fleury, ne produit que des effets surnaturels, il ne change rien à l'état des personnes. »

Voilà pour les raisons. Est-ce l'autorité de Benoît XIV qu'on veut opposer? C'est sans doute une autorité très-respectable ; mais nous croyons qu'elle n'est point décisive en cette matière. Les ultramontains eux-mêmes ne soutiennent l'infaillibilité du pape que lorsqu'il parle *ex cathedra*, c'est-à-dire lorsqu'il s'adresse à toute l'Église, lui proposant un point de doctrine qu'il déclare appartenir à la foi catholique, et menaçant de l'excommunication ceux qui refuseraient d'y adhérer. Or, je ne vois aucun de ces caractères dans la pièce dont il s'agit. C'est une instruction particulière du pape à son vice-gérant, c'est-à-dire à son coadjuteur pour le diocèse de Rome, à propos de ce qui venait d'arriver dans cette ville. Un certain Antonio Viviani étant allé dans le Ghetto, partie de la ville habitée par les juifs, baptisa trois enfants d'une famille israélite. On parlait diversement de cette action.— *Multæ hinc statim opiniones, maximeque diversæ.* — Comme des cas semblables se présentaient fréquemment à Rome ou ailleurs. — *Sed quoniam facta hujusmodi frequenter* (1) *Romæ et alibi audiuntur.* — Le pape croit devoir tracer à son vicaire les règles à suivre dans ces occasions, — *ideo operæ pretium existimavimus epistolam hanc scribere.* — Nulle part le pontife ne dit que tous les points de discipline discutés dans cette lettre soient des articles de foi que l'on ne puisse contester sans cesser d'être catholique. La conclusion même de la lettre de Benoît XIV n'indique aucunement qu'on doive lui attribuer le caractère d'une bulle dogmatique. — *Hæc*

____

(1) *Frequenter.* Ces cas ne sont donc pas si rares.

sunt, dit-il, *quæ nostra hac epistola explicanda duximus, quibus ut feliciter utaris, paternam tibi ex animo apostolicam benedictionem impertimur.* — Rien, assurément, dans ces paroles, qui ressemble à ce qu'on appelle les foudres du Vatican : aucune menace de censure ou d'excommunication. On peut donc, sans péril pour la foi, discuter quelque point particulier de cette lettre de Benoît XIV, et on a vu que, sur celui qui nous intéresse, la décision du pontife est fondée sur un canon de concile et un argument d'une valeur très-contestable.

Je ne pense pas qu'on doive attribuer aux congrégations romaines, dont on nous oppose aussi les décisions, une autorité plus grande qu'à Benoît XIV lui-même ; et si l'on peut, dans la question présente, s'écarter du sentiment du savant pontife, il sera aussi permis de ne point adopter celui des congrégations romaines, qui répondent, en effet, ainsi qu'on le voit dans le *Manuel de Droit canon* de M. Lequeux : « *Curandum est ut infans infidelium manibus subtrahatur, in quantum res est possibilis.* » Faudrait-il voir dans ces dernières paroles une réserve pour la question de prudence, qui est assurément très-importante dans cette matière ?

On a encore parlé d'une décrétale de Grégoire IX, *Ex litteris*, dont il serait certainement bien difficile d'arguer contre nous. Voici le fait : Un israélite converti au christianisme et une femme juive, demeurée dans son infidélité, se disputaient un enfant de quatre ans (*quadriennis*) ; la mère prétendait que l'enfant, jeune encore, ne pouvait se passer de ses soins, et devait par conséquent demeurer entre ses mains. Le pape décide que les soins maternels ne sont plus nécessaires à cet enfant, et qu'il doit être confié à son père. Ce cas ne nous paraît pas identique avec celui de Bologne : ici l'enfant n'est pas enlevé à ses parents, n'est pas soustrait à la puissance paternelle, il est remis au contraire au chef de la famille. Si le père et la mère se séparaient, il fallait nécessairement qu'il fût confié à l'un d'eux. Le pape, d'après l'âge de l'enfant, juge qu'il doit être remis au père, ajoutant cette raison que nous n'avons nulle envie de contredire : *Cum autem filius in patris potestate consistat.* On ne saurait donc sérieusement nous objecter cette décision du pape Grégoire IX.

Nous avions demandé qu'on nous citât quelque Père ou quelque saint docteur des six premiers siècles. On nous a cité Billuart, théologien dominicain, qui vivait dans le dix-huitième siècle. Nous croyons qu'on aurait pu nous en opposer beaucoup d'autres. En général les théologiens qui ont admis les opinions du moyen âge sur l'étendue de la juridiction ecclésiastique, et notamment sur le pouvoir de déposer les rois, ont dû être favorables à celle qui admet qu'on peut soustraire à leurs familles des enfants baptisés. Remarquez en effet l'analogie. Le père de famille est le chef et comme le roi d'une petite société qu'il est chargé de régir et de protéger. Cette société a précédé toutes les autres, et les pères de famille ont été les premiers souverains. Le prince est le chef d'une société plus grande, qui se compose de ces petites sociétés particulières : l'un et l'autre ont reçu du ciel le pouvoir de gouverner ; car Dieu est l'auteur des familles comme des sociétés. Le droit du père de famille et celui du prince reposent sur le même fondement : la loi naturelle, qui est aussi une loi divine. Cela posé, est-il bien étonnant que ceux qui ont méconnu le pouvoir du prince aient aussi méconnu le pouvoir du père de famille ? Dans l'un et dans l'autre cas, c'est un empiétement sur le droit naturel.

2

Aussi, voyez les arguments dont on se sert pour la cause présente. « Partout et toujours, dit le théologien de l'*Univers*, on a cru que le droit du père est subordonné aux droits de la société... *à combien plus forte raison*, l'Eglise qui est autant au-dessus de la société temporelle que celle-ci est au-dessus de la famille, a-t-elle le droit de sauver l'enfant, alors même que, dans leur aveuglement, les parents ne veulent pas qu'elle le sauve (1). » (*Univers*, 21 octobre.)

Écoutons maintenant le révérend abbé de Solesmes : « Dieu ne peut être contraire à lui-même. Le droit postérieur abroge le droit antérieur. Le droit supérieur remplace le droit inférieur. » Il ne s'agit pas de discuter ces apophthegmes : il suffit d'observer que c'est par de semblables arguments qu'on soutenait, au moyen âge, la suprématie du pouvoir ecclésiastique sur la puissance civile. On disait, et ce n'étaient pas de simples théologiens qui le disaient, que l'Église, ayant le droit de juger les choses spirituelles, elle avait droit, *à plus forte raison*, de juger les temporelles ; que le moindre exorciste est au-dessus des empereurs, puisqu'il commande aux démons,... etc. (2). Voilà comme on raisonnait alors, pour ne rien dire de l'argument des deux luminaires, *luminare majus et luminare minus*, qui représentaient, incontestablement, la subordination du pouvoir temporel à la puissance spirituelle, et de celui des deux épées qui étaient en la possession de saint Pierre au

____

(1) Reprocher à une famille juive de ne pas vouloir qu'on élève chrétiennement un de ses enfants baptisés pour qu'il puisse être sauvé, c'est, sans doute, une idée assez bizarre. N'est-il pas clair que, par la même raison, elle devrait consentir à ce que tous ses enfants fussent élevés dans la religion chrétienne ? C'est ce qu'avait compris le concile de Tolède. Il était conséquent.

(2) GREG. VII. *Epist.* 2.

temps de la Passion, et qui figuraient évidemment les deux pouvoirs spirituel et temporel réunis dans ses mains.

Le docte abbé de Solesmes ne craint pas de tirer de son lumineux principe une conclusion pratique : «Le devoir du magistrat dans un État chrétien, dit-il, est de soustraire l'enfant aux influences de la famille. » (*Univers*, 24 oct.) Ainsi, dans un État chrétien, l'Église pourra enjoindre au magistrat d'enlever à sa famille un enfant baptisé, et le magistrat devra déférer à cette injonction. Je le demande, n'est-ce pas là la subordination du pouvoir civil à l'autorité spirituelle ? Car il est bien évident que si l'Église peut commander, en cette occasion, au pouvoir temporel par un motif d'intérêt religieux, elle le pourra toutes les fois que cet intérêt sera sérieusement en cause. A dire vrai, il ne nous semble pas que ces maximes puissent de longtemps prévaloir dans notre pays ; mais n'est-il pas à craindre que, soutenues par une feuille qui a pour mission de les propager, elles ne s'accréditent dans le clergé, et qu'elles ne le constituent dans un dangereux état d'opposition avec la société et le pouvoir civil ? et comment ce même clergé défendrait-il efficacement ses droits, s'il venait à empiéter sur ceux de la puissance temporelle ?

Tous ceux qui ont eu à se défendre contre les entreprises du pouvoir séculier ont invoqué ce grand principe de l'Église gallicane, de la distinction des deux puissances et de leur indépendance dans leur sphère respective. « Le christianisme, disait, il n'y a pas encore bien longtemps, le vénérable archevêque de Fribourg, a proclamé le principe de la distinction entre le pouvoir spirituel et le pouvoir temporel. « Rendez à César ce qui est à César et à Dieu ce qui est à Dieu. » Dès ce moment deux grands ordres ont dirigé la société : *l'Église et l'État.* Chacun de ces pouvoirs est autonome et *indépendant* sur son terrain. Si chacun d'eux agit dans ses limites, le but qu'ils doivent également poursuivre, le bonheur éternel et temporel des hommes, sera atteint ; car, par leur union, ils procureront le bonheur de la société. Mais si l'un de ces pouvoirs empiète sur l'autre, les consciences en seront troublées et blessées, et la société sera jetée dans la perturbation. L'histoire est là pour le dire à tout le monde. » (Mandement de l'archevêque H. de Vicari. *Univers,* 25 novembre.)

En admettant donc qu'un grand nombre de théologiens aient soutenu le droit d'enlever aux familles israélites ou infidèles leurs enfants baptisés, leur autorité ne prouverait pas plus en faveur de ce sentiment qu'elle ne prouve en faveur du pouvoir direct ou indirect du Souverain-Pontife sur le temporel des rois, opinion aujourd'hui abandonnée de tout le monde, excepté peut-être du théologien de l'*Univers* (1).

Il ne faut pas s'étonner que cet écrivain soutienne aujourd'hui avec tant d'assurance la supériorité du droit ecclésiastique sur celui du père de famille. Déjà, dans un livre qui a pour titre : *L'Église et l'État,* il a soutenu, non comme une simple opinion, mais comme une *doctrine universellement reçue,* comme *le sentiment universel de l'Église,* l'opinion du pouvoir indirect sur le temporel des rois. Il voulait bien convenir que l'Église n'avait jamais défini cette doctrine comme un dogme de foi ; « mais, ajoute-t-il, cela suffit-il pour que l'on puisse reconnaître aux gallicans le privilége que l'on refuse aux

---

(1) Nous avons essayé de le réfuter sur le premier point dans nos *Observations sur les doctrines de quelques écrivains.*

protestants, de suivre leur sentiment particulier, préférablement au sentiment de l'Église, dans l'interprétation des livres saints et des monuments de la tradition, et l'obligation de se soumettre aux doctrines universellement reçues ?» Et ailleurs : «Tout nous ramène à cette conclusion, que partout et toujours l'Église a exercé sur l'ordre temporel le pouvoir indirect que lui contestent *ses ennemis.* » Voilà quelle est sa modération et son exactitude en matière de doctrine.

L'observation de la loi, les exemples qu'on pourrait alléguer, ne seraient pas un meilleur argument. Les faits de cette nature ne sauraient jamais établir un droit. Les papes pendant longtemps ont prononcé des sentences de déposition contre les rois, ils ont voulu intervenir dans l'administration temporelle des États, comme le prouverait, entre autres, la bulle *In cœna Domini.* De son côté, le pouvoir séculier a fait souvent invasion dans le domaine spirituel ; on a vu des parlements vouloir régler l'administration des sacrements. Quelle conséquence peut-on tirer de tous ces faits ? n'est-il pas clair qu'il faut, pour les apprécier, remonter aux principes ?

Aux théologiens dont nous venons de parler nous opposons ceux de notre France, qui ont toujours, personne ne peut en disconvenir, mieux distingué les limites qui séparent les deux ordres spirituel et temporel.

Nous citerons d'abord le célèbre Tournély, dans lequel on peut croire, comme nous l'avons dit, entendre toute l'ancienne Sorbonne. Il se demande s'il est permis de baptiser les enfants des infidèles malgré leurs parents. Il répond négativement ; car, dit-il, ou les enfants demeurent en la puissance de leurs parents, et alors il y aura danger pour leur foi et pour la grâce du baptême ; ou ils seront enlevés à leurs parents, et alors le *droit naturel* qu'ont les parents sur leurs enfants *sera violé*, ce qu'assurément il n'est pas plus permis de faire que de leur ravir par violence les biens qu'ils possèdent justement. « *Vel subducentur a potestate parentum, et tunc jus naturale quod parentes habent in filios, violabitur, quod certe non magis licite fieri potest, quam si ab iisdem bona quæ juste possident, per vim eriperentur.* » (TOURNELY, *de Baptismo.*) Comparaison juste, car les enfants ne sont-ils pas le bien le plus précieux d'une famille ?

Il est assez clair, quoiqu'on ait voulu subtiliser sur ce texte, que les paroles de Tournély s'appliquent directement à la question qui nous occupe. Que les enfants des israélites ou des infidèles aient été baptisés en danger de mort ou autrement, contre le gré ou à l'insu de leurs parents, il y a toujours également danger qu'ils ne soient entraînés dans les erreurs de leurs père et mère, et c'est précisément la raison sur laquelle se fondent Benoît XIV et le concile de Tolède pour ordonner qu'on les tire de leurs mains, *ne parentum involvantur erroribus.*

Notre seconde autorité, plus rapprochée de nous, est la *Théologie de Rouen*, *Theologia Rothomagensis*, ouvrage estimé, dont l'auteur est assurément un théologien d'un grand savoir, et très-attaché à la saine doctrine ; car il termine tous ses traités par ces paroles : « *Atque hæc dicta sint de sacramento baptismi* (Verbi gratia), *in quibus si quid nobis exciderit minus rectum, animo libenti revocamus.* » Voici comment il s'exprime : « Il n'est pas permis d'enlever les enfants à leurs parents ; car il est défendu de violer la loi naturelle. Or, le droit de conserver auprès d'eux leurs enfants est le droit naturel des parents ; les enfants sont en effet comme la sub-

stance même des parents, engendrée par eux, à la différence des autres biens qui nous viennent du dehors. Si
donc il est défendu de leur ravir ce qui est en leur possession, à combien plus forte raison leurs enfants ! D'ailleurs ils ont sur leurs enfants non-seulement un droit de
propriété, mais aussi un droit de direction. Car la nature,
en donnant l'être aux enfants, a confié à certaines personnes le soin de leur conservation et de leur enfance, jusqu'au temps où ils peuvent se conduire eux-mêmes ; or, ces
personnes sont les seuls parents : on ne saurait donc leur
ôter leurs enfants sans blesser le droit naturel. »

« Nefas enim violare jus naturale ; atqui jus pueros pe-
« nes se retinendi est jus naturale parentum. Filii enim
« sunt ipsa parentum substantia, ab illis procreata, non
« aliunde comparata sicut cætera bona. Ergo si nefas esset
« ab iis auferre boves et oves (1) quanto magis liberos !
« Præterea in filios jus habent non proprietatis solum,
« sed etiam regiminis : natura enim, pueros emittendo in
« lucem, ipsorum conservationis et infantiæ curam qui-
« busdam commisit, donec propria voluntate regi possint ;
« ii porro sunt soli parentes : ergo illæso jure naturali, non
« possunt liberis spoliari. » (*Theologia rothomagensis, lec-
tiones de baptismo.*)

---

(1) On voit que l'auteur pensait en ce moment au précepte du
Décalogue : « *Non concupisces domum proximi tui, nec desiderabis
uxorem ejus, non servum, non ancillam, non bovem, non asinum*
(c'est ici que vient l'*a fortiori*), *nec omnia quæ illius sunt.* » Remarquons, en passant, combien le suprême législateur a eu à
cœur, si j'ose m'exprimer ainsi, de rendre la propriété inviolable.
Il ne se contente pas d'avoir dit : tu ne voleras pas, *non furtum
facies*; il entre dans le détail et il va jusqu'à interdire de désirer
même ce qui appartient à autrui, *non bovem, non asinum*, c'est-à-
dire les moindres objets qu'il possède justement.

Le même théologien ajoute : « La loi de grâce n'a pas détruit la loi de nature, et le précepte du baptême n'a pas supprimé les autres droits naturels. Les lois de l'Eglise ne peuvent prévaloir sur le droit du père qui est un droit naturel. « *Lex gratiæ legem naturæ non destruxit, et præceptum baptismi alia jura naturalia non sustulit... Juri paterno, quod naturale est, prævalere non possunt Ecclesiæ leges.* » (IBID.) On ne peut que s'étonner qu'on ait pu méconnaître de pareils principes.

Citons enfin le rituel de Langres, du cardinal de la Luzerne, dont M. l'abbé Affre, alors vicaire général du diocèse de Paris, a donné une nouvelle édition annotée en 1835: « On ne doit point, dit ce rituel, administrer le baptême aux enfants des juifs ou des autres fidèles sans le consentement de leurs parents, excepté dans le cas d'une mort pressante et certaine. Ce n'est pas que le sacrement ne fût bon et valide en lui-même ; mais si on enlevait les enfants, *on irait contre le droit naturel que les parents ont sur eux;* et si on les laissait, on exposerait manifestement le baptême à la profanation. » (T. II, *Du Baptême,* p. 52) (1).

Ainsi, d'après ces théologiens, le droit naturel ne permet pas d'enlever les enfants à leurs père et mère. Lorsque le baptême, donné en danger de mort, se trouve exposé à la profanation parce que l'enfant a survécu, cette profanation

______

(1) Le *conférencier d'Angers* et *le Rituel de Toulon* que l'*Univers* a cités, en disant que ceux qui ont baptisé des enfants d'israélites ou d'infidèles, doivent, *autant qu'ils le pourront,* les séparer de leurs parents, de crainte qu'ils ne soient pervertis, ne nous paraissent pas devoir être nécessairement interprétés dans le sens d'une séparation violente. Car il est des moyens qu'il est permis d'employer pour arriver à cette séparation, et les auteurs ci-dessus, ne parlant que de personnes privées, celles qui ont donné le baptême, ne peuvent avoir eu en vue d'autres moyens.

ne peut s'imputer à personne. On doit, sans doute, essayer de prévenir ce malheur, mais seulement par des voies conformes au droit et à la justice.

Ne nous est-il pas permis de poser maintenant cette question : Où est la définition de foi? où est ce point de doctrine catholique qu'il ne soit permis à personne de contredire? où sont les fondements d'une pareille prétention (1)?

Une chose reste constatée; c'est qu'on ne peut nous alléguer aucun canon de concile général, aucun texte des Saints Pères ou des docteurs des six premiers siècles ; cependant la question a dû certainement se présenter plus d'une fois à cette époque où les chrétiens étaient entourés partout de Juifs et d'infidèles. Aucune controverse, aucune plainte, aucune réclamation ne s'est élevée : preuve évidente que le droit du père de famille était universellement reconnu, et que la lumière naturelle et l'esprit de l'Évangile ne permettaient pas de le révoquer en doute. On peut donc opposer l'argument de Bossuet aux défenseurs des prétentions ultramontaines : Vous n'avez pas pour vous l'antiquité; elle dépose contre vous ; votre tradition remonte au onzième siècle, à Grégoire VII. Vos doctrines n'ont jamais eu l'unanimité en leur faveur; il s'est toujours trouvé quelque Église, ou un certain nombre de docteurs qui les ont combattues sans cesser d'être catholiques. Tel n'est pas le caractère des doctrines de foi : elles sont reçues partout, en tous les temps, et par tous, *quod semper, quod ubique, quod ab omnibus.*

______

(1) Le rédacteur de l'*Ami de la Religion*, qui est versé dans ces matières, a justement blàmé les exagérations que nous combattons ici; il reconnaît que la foi n'est pas engagée dans cette controverse.

On est à même d'apprécier et de réduire à leur juste valeur les exagérations insupportables de nos adversaires. « Des catholiques, dit M. Louis Veuillot, grande autorité en matière de théologie et de droit canon, des catholiques ne pouvaient douter que le Saint-Siége n'eût agi en cette circonstance avec tout droit, toute prudence et toute équité. La question était tout entière dans le droit de l'Église. Le sens chrétien suffisait pour la résoudre contre les sophismes des détracteurs du pouvoir pontifical. La discussion, en se prolongeant, nous a obligé de rappeler des principes trop oubliés. On a vu qu'ils renversent *aisément* (1) des considérations que certains journaux prétendaient tirer de la loi naturelle et même de la théologie (voyez un peu la prétention!) et du droit canonique. » (*Univers*, 3 octobre.) Telle est la décision de ce docteur! D'un autre côté, le théologien de l'*Univers* affirme que « poser la question, *pour un catholique*, c'est l'avoir résolue. » Ainsi on ne pourra contredire M. Dulac, sans tomber dans l'hérésie. En vérité, ne semble-t-il pas que ces écrivains aient entre leurs mains les clefs du royaume des cieux, et qu'ils puissent, à leur gré, ouvrir ou fermer les portes de l'Église? Mais remarquez la conséquence. Il s'ensuivra que le Saint-Siége est infaillible dans tous ses actes, dans toutes ses décisions; ce qui est aller plus loin que les ultramontains eux-mêmes, qui ne

(1) Vraiment, il ne lui en a pas coûté beaucoup en effet. On connaît sa manière de discuter, son profond savoir et sa logique, comme, par exemple, lorsqu'il se sert de ces paroles de la fille de Pharaon à la mère de Moïse : « Accipe puerum istum et nutri mihi ; » ou bien d'un passage de Bourdaloue qui dit qu'un père ne doit pas gêner ses enfants dans le choix d'un état, pour en conclure de qu'on a eu le droit d'enlever un fils à ses parents. Ce sont là des arguments sans réplique.

soutiennent l'infaillibilité du Pape que dans l'hypothèse d'une définition *ex cathedra*, comme nous l'avons vu.

Si les rédacteurs de l'*Univers* avaient vécu du temps de Galilée, ils auraient soutenu, comme un article de foi, que la terre ne tourne pas, déclaré hors de l'Église ceux qui pensaient, et surtout qui osaient dire le contraire, et M. Louis Veuillot, pour mettre fin aux débats et clore la discussion, aurait dit magistralement : « La question était tout entière dans le droit de l'Église, le sens chrétien suffisait pour la résoudre contre les sophismes des détracteurs du pouvoir pontifical. » Pour moi, je pense que sa décision eût valu alors à peu près ce qu'elle vaut aujourd'hui.

Fénelon, dans ses *Plans de gouvernement*, t. XXII, p. 587, dit : « Droit du roi pour rejeter les bulles qui usurperaient sur le temporel. » Fénelon, si dévoué au Saint-Siége, ne croyait donc pas que le pape fût toujours infaillible, même dans une bulle ! Et aujourd'hui on ne serait plus catholique, parce qu'on suppose que la cour de Rome a poussé au delà des limites les droits de la juridiction ecclésiastique ! On veut que nous admettions l'infaillibilité pontificale dans tout ce qui émane du Saint-Siége ! Si le Souverain-Pontife adresse une lettre à un évêque, c'est la parole souveraine et infaillible du successeur de Pierre; s'il s'agit d'un acte de juridiction spirituelle, c'est l'exercice de l'autorité infaillible du vicaire de Jésus-Christ. Mais si le Souverain-Pontife est infaillible dans toutes ses paroles et dans tous ses actes, alors il faut reconnaître à nos conciles provinciaux la même autorité qu'aux conciles œcuméniques, puisqu'ils sont revus et approuvés par le Saint-Siége. Ces écrivains ne comprendront jamais qu'en exagérant le pouvoir on l'affaiblit.

Le très-révérend abbé de Solesmes est venu, comme on a déjà pu le remarquer, au secours de ses amis aux abois, et en fait d'exagération il faut avouer qu'il n'est pas demeuré en reste. D'abord il a prétendu qu'on ne pouvait méconnaître le droit de l'Eglise en cette circonstance sans glisser très-avant dans le *naturalisme*, ce qui est étrange et ce que nous tâcherons d'éclaircir bientôt. Ensuite il a déclaré que « le Pontife suprême, aux instances qui lui ont été faites, a répondu : *Non possumus*, et qu'il ne pouvait répondre autrement *sans ébranler tout l'édifice du Christianisme;* ... que l'Église ne pouvait, sur ce point, donner satisfaction à l'esprit du temps *sans s'abdiquer elle-même* (1). » (*Univers*, 24 octobre.) Vraiment, il faut en convenir, Rome a des avocats bien maladroits, et le clergé des défenseurs bien compromettants. Nous ne disons rien des injures, des grossièretés et des mauvaises plaisanteries dont l'*Univers* a coutume d'assaisonner ses argumentations et d'honorer ses adversaires ; cela est assez connu.

Passons maintenant à la seconde question que nous nous sommes proposé d'examiner.

(1) Ce judicieux abbé n'a-t-il pas cru pouvoir citer, à propos de l'enlèvement de Bologne, ces paroles du Sauveur dans l'Evangile : « Je suis venu séparer le père du fils, la fille de la mère, la belle-fille de la bru (*sic*). » Nous lui répondrons que tant qu'il n'y aura pas d'autres séparations que celle dont il s'agit ici, personne ne criera à la violation de la loi naturelle.

II

DROIT NATUREL

La loi qui permet ou plutôt qui prescrit d'enlever les enfants baptisés des juifs ou des infidèles, est-elle conforme à la loi naturelle et aux intérêts bien entendus de la religion et de la société? Et d'abord qu'est-ce que cette loi naturelle dont nous invoquons ici l'autorité? La loi naturelle, disent les théologiens, est l'enseignement ou la lumière de la raison gravée par Dieu lui-même dans le cœur de tous les hommes, et qui nous fait connaître ce qu'il faut faire et ce qu'il faut éviter. « *Lex naturalis est dictamen seu lumen rationis, omnibus hominibus ab ipso Deo impressum, quo cognoscimus quid faciendum sit quidve fugiendum.* » (BAILLY, *de Legibus.*) Les lois naturelles, suivant Domat, sont des vérités que la nature et la raison enseignent aux hommes, et elles ont d'elles-mêmes la justice et l'autorité qui obligent de les observer; elles sont tellement justes, toujours et partout, qu'aucune autorité ne peut ni les changer ni les abolir (1). » (*Traité des lois,* chap. XI et XII.) Voici une définition un peu plus oratoire de la loi naturelle, quoiqu'elle soit d'un théologien. « La loi naturelle, dit dans son *Essai polémique sur la religion naturelle* le célèbre Duvoisin, évêque de Nantes sous le premier empire ; la loi naturelle est ainsi nommée parce que les devoirs qu'elle prescrit prennent leur source dans la nature de l'homme, et dans ses relations, soit avec son auteur, soit avec ses semblables. Cette loi, émanée de la raison souveraine, est nécessaire, immuable, universelle ; elle embrasse tous les temps et tous les climats ; elle commande au sujet et au monarque, elle se fait entendre au sein de la barbarie, comme parmi les nations policées ; elle n'a besoin pour être connue ni de héraut ni d'interprète ; sa lumière pénètre d'elle-même dans tous les esprits ; ses préceptes sont gravés dans tous les cœurs. Les hommes ne peuvent rien contre elle parce qu'elle n'est point l'ouvrage des hommes ; nulle autorité (notez ceci) ne peut l'abolir, ni même en dispenser. Tout ce qu'elle ordonne est essentiellement bon, tout ce qu'elle défend essentiellement mauvais ; les lois civiles, les conventions des particuliers ne sont justes qu'autant qu'elles ne lui sont pas contraires. »

Cette définition développée rappelle naturellement celle de l'orateur romain : « Il est une loi véritable et absolue, la droite raison, conforme à la nature, universelle, invariable, éternelle, dont la voix enseigne le bien qu'elle ordonne, et détourne du mal qu'elle défend....

---

(1) On peut voir, et M. Coquille lui-même qui nous reproche de citer *maladroitement,* que nous pouvions très-bien avoir recours à Domat. Ce grand jurisconsulte, dans son excellent *Traité des lois,* placé en tête de ses *Lois civiles,* explique le principe et la nature des lois, leurs différentes espèces et leur autorité respective.

On ne peut ni l'infirmer par une autre loi, ni en rien retrancher, ni l'abroger tout entière; ni le peuple ni le sénat ne peuvent dispenser d'y obéir; elle est à elle-même son interprète; elle ne sera pas autre dans Rome, autre dans Athènes, autre aujourd'hui, autre demain; partout, dans tous les temps, cette loi immuable, dont Dieu est l'auteur, ne cessera d'obliger toutes les nations. »

« Est quidem vera lex, recta ratio, naturæ congruens,
« diffusa in omnes, constans, sempiterna, quæ vocet ad
« officium jubendo, vetando a fraude deterreat... Huic legi
« nec abrogari fas est, neque derogari ex hac aliquid licet,
« neque tota abrogari potest ; nec vero aut per senatum
« aut per populum solvi hac lege possumus ; neque est
« quærendus explanator aut interpres ejus alius, nec erit
« alia lex Romæ, alia Athenis; alia nunc, alia posthac.
« Sed et omnes gentes et omni tempore una lex et sempi-
« terna, et immutabilis continebit... Deus legis hujus in-
« ventor, disceptator, lator... » (*De republica*, l. III, 19.)

Si ce n'est pas assez de ces auteurs, nous citerons saint Paul lui-même qui, parlant des nations qui n'avaient pas connu la loi de Moïse, s'exprime ainsi : «Les gentils, qui n'ont pas la loi, font naturellement les choses que la loi commande; n'ayant point la loi, ils se tiennent à eux-mêmes lieu de loi, et ils font voir, par le témoignage de leur propre conscience, que ce qui est prescrit par la loi est écrit dans leurs cœurs. « *Cum enim gentes quæ legem non habent, naturaliter ea quæ legis sunt faciunt, ejusmodi legem non habentes ipsi sibi sunt lex : qui ostendunt opus legis scriptum in cordibus suis, testimonium reddente illis conscientia ipsorum.* » (*Ad. Rom.* c. II, v. 14 et 15.) On peut dire que le disciple bien-aimé a aussi défini la loi naturelle, lorsqu'il a parlé de cette vraie lumière qui éclaire tout homme venant en ce monde : *Erat lux vera quæ illuminat omnem hominem venientem in hunc mundum.* » (*Evang.* c. I, v. 9.) On voit que sur ce point comme sur bien d'autres la théologie et la philosophie se donnent la main.

Je sais bien, et c'est précisement pourquoi j'insiste autant sur la notion de la loi naturelle, je sais que mes adversaires n'en sont pas des partisans très-zélés ; mais ce n'est certainement pas une raison pour nous de la tenir en moins grande estime, puisqu'elle est le fondement de la morale, le fondement des lois sur lesquelles repose la société. Or, je prétends qu'un des principes de cette loi naturelle, reconnu par tous les publicistes, et aussi par les théologiens, c'est que l'enfant appartient à ses père et mère. Il ne peut évidemment, pendant bien des années, s'appartenir à lui-même, *esse sui juris.* Il est longtemps incapable de pourvoir à ses besoins, de se diriger. Qui sera chargé de ce soin providentiel, de cette direction ? N'est-ce pas la nature ou plutôt n'est-ce pas Dieu lui-même qui désigne les parents comme les pourvoyeurs, les tuteurs et les gardiens de ces enfants qu'il leur a donnés ? « Il est juste, dit Grotius, que ceux qui ne sont pas capables de se conduire eux-mêmes, soient gouvernés par autrui ; et il n'y a que ceux qui ont donné la naissance à un enfant qui soient naturellement chargés du soin de le gouverner..... Le pouvoir paternel est tellement personnel et attaché à la relation de père qu'il ne peut en être séparé ni transporté à autrui. » (*De jure belli et pacis.* L. 11, c. 5.) — « L'enfant, suivant saint Thomas, appartient, par droit de nature, à son père, et tant qu'il n'a pas l'usage de son libre arbitre (c'est-à-dire, tant qu'il ne peut se conduire lui-même), il doit demeurer sous la garde de ses parents. *Filius enim naturali-*

ter est aliquid patris... Antequam usum liberi arbitrii habeat, continetur sub cura parentum (2° 2°. Q. X. A. 12) « Tant que les enfants ne peuvent se pourvoir à eux-mêmes, dit Benoît XIV, ils sont, en vertu du droit naturel, sous la tutelle de leurs parents. — *Quamdiu ipsi sibi providere non possunt, secundum jus naturale, sunt sub cura parentum.* » Enfin le Code français s'exprime ainsi : « L'enfant reste sous l'autorité de ses père et mère jusqu'à sa majorité ou son émancipation (372). »

Telle est la disposition du droit naturel à laquelle je soutiens qu'aucune loi humaine, ecclésiastique ou civile, ne peut porter atteinte, parce qu'il est de principe que nul ne peut déroger à la loi de son supérieur. Or, la loi naturelle, qui a Dieu lui-même pour auteur, est supérieure à toutes les lois humaines. L'Église peut déroger à ses lois, elle ne peut déroger à celles qui ne sont pas son ouvrage. Elle peut dispenser par exemple de l'observation des fêtes et des pratiques de pénitence qu'elle a établies, les abroger même ; elle ne saurait changer ce qui est ordonné ou défendu par le droit naturel. Elle ne peut dispenser un fils d'obéir à son père, les sujets d'obéir à leurs princes. C'est là cette subordination des lois et des pouvoirs dont parle Domat, et dont a parlé aussi saint Augustin. « Si, dit ce grand docteur, le curateur [*curator*] (1) ordonne quelque chose, ne faut-il pas le faire? Sans doute. Cependant si cet ordre est contraire à celui du Proconsul, sans mépriser le pouvoir, vous préférez d'obéir au plus élevé ; de même, si le Proconsul commande une chose et l'Empereur une autre, hésiteriez-vous à servir l'Empereur plutôt que le Proconsul? Donc si Dieu vous

____

(1) Le curateur était probablement un intendant subalterne de l'administration civile.

3

fait un commandement contraire à celui de l'Empereur, vous devez obéir à Dieu plutôt qu'aux hommes. (*Serm.* 62, c. 8) » Si donc la loi ecclésiastique venait à se trouver en désaccord avec la loi naturelle, il n'est pas douteux qu'on ne dût suivre la loi naturelle préférablement à la loi ecclésiastique ; ainsi le veut l'ordre de la justice, *servandus est ordo justitiæ.*

Mais, dira-t-on, ce grand principe de la puissance paternelle ne souffre-t-il aucune exception ? Ne peut-on, en aucun cas, soustraire l'enfant à l'autorité des père et mère ? Je réponds : Oui, ce principe admet des exceptions, mais elles doivent toutes se tirer de la loi naturelle elle-même, et n'en être que le développement et l'application. Quel est le but de la nature ou plutôt du créateur dans l'institution de la famille ? N'est-ce pas la conservation physique et morale de l'enfant ? Si donc il arrive qu'un père, étouffant les sentiments naturels, abuse de sa force et de son autorité pour mettre en péril la vie ou la moralité de l'être débile qui lui est confié, son droit subsistera-t-il toujours ? Non, sans doute ; car ce droit n'est pas absolu, il ne saurait être contraire à la fin que s'est proposée la nature, en un mot, il est subordonné à des devoirs ; et lorsque ces devoirs sont foulés aux pieds, c'est alors le père qui renonce lui-même à ses droits, qui se dépouille de son caractère sacré, qui abjure cette tutelle que le ciel lui avait déférée. D'ailleurs il est, dans l'espèce, un autre droit que celui du père : c'est celui de l'enfant, celui d'être conservé, soutenu, protégé ; et comme il existe dans la société une autorité supérieure, chargée de maintenir et de faire respecter tous les droits, elle intervient alors ; elle retire des mains de ce père indigne, dénaturé, ce dépôt qui lui avait été confié et qui ne pouvait plus y demeurer sans danger. Mais en exerçant ainsi son autorité tutélaire, le magistrat blesserait-il, par hasard, la loi naturelle ! pas le moins du monde. Il ne fait, au contraire, que se conformer à ses prescriptions, qu'assurer l'obervation de cette loi qui a subordonné les droits du père à la conservation de l'enfant. Sa sentence est une application du droit naturel, bien loin d'en être une violation. Aussi quand une pareille sentence est rendue, qui s'en étonne? Voit-on, dans aucun pays, que l'opinion publique s'en émeuve, se soulève, s'indigne? Non. C'est que tout le monde comprend parfaitement qu'aucune loi n'a été violée, aucun droit méconnu ; c'est, en un mot, que rien n'est venu blesser ce sens moral qui approuve ce qui est juste et repousse ce qui est injuste.

On a cité... Vraiment je ne sais si je dois répondre à cette objection ! Répondons pourtant, afin de ne rien omettre. La faiblesse des objections est, d'ailleurs, une preuve de plus. On a cité cet article 66 du code pénal qui porte que « lorsque l'accusé aura moins de seize ans, s'il est décidé qu'il a agi *sans discernement*, il sera, selon les circonstances, remis à ses parents ou conduit dans une maison de correction, etc. » On a beaucoup insisté sur ces mots *sans discernement*. Mais quoi ! la loi a-t-elle pensé et les juges devront-ils croire qu'un accusé au-dessous de seize ans est encore dépourvu de sens moral et incapable de discerner le bien du mal, et par conséquent d'être plus ou moins coupable, coupable même d'une faute très-grave, d'un crime? Tel n'est sans doute pas le sens de la loi. Elle a pensé, apparemment, qu'on pouvait admettre en certaines circonstances qu'un accusé de cet âge n'avait pas encore le sens moral et l'intelligence assez développés pour encourir les peines sévères écrites dans le code pénal ; mais cela ne veut pas dire qu'elle le juge innocent, puisqu'elle le punit d'une réclusion de plusieurs années dans une maison de correction. Elle punit aussi les parents qui n'ont pas veillé sur lui. De plus, un tel accusé peut être estimé dangereux pour la société, et les magistrats sont chargés de pourvoir à sa sûreté.

On a fait une autre difficulté, que l'auteur dit même avoir répétée dix fois, comme si on ne pouvait pas répéter un sophisme dix fois et même plus, sans qu'il cesse pour cela d'être un sophisme. Celui-ci est le sophisme que la logique appelle : *Passer d'un ordre à un autre.* « La loi naturelle, dit M. Dulac, ne défend pas, elle ordonne de protéger, même contre leurs parents, la vie et la moralité des enfants. Si la société est catholique, la loi naturelle lui fait, *à plus forte raison,* un devoir de protéger de la même manière la foi, la vie spirituelle des enfants catholiques. La loi naturelle commande d'obéir à Dieu... et de remplir envers son prochain les devoirs que la révélation nous impose. » (*Univers,* 21 oct.) Voilà une plaisante difficulté, et probablement celui qui l'a faite n'admet pas sérieusement la loi naturelle, ou n'en a du moins qu'une idée bien confuse. Sans doute, la loi naturelle nous ordonne d'obéir à Dieu, d'ajouter foi à sa parole, d'obéir à ses commandements ; mais là se borne son rôle. Comment la loi naturelle, qui n'a qu'une fin proportionnée à la nature de l'homme, et qui ne nous enseigne que les devoirs et les droits conformes à cette fin, pourrait-elle nous apprendre quelque chose sur les vérités de l'ordre surnaturel, nous donner quelque lumière sur le baptême, sur les droits qu'il confère, sur les devoirs qu'il impose, sur les effets qu'il produit ? Comment nous dirait-elle que la foi, la vie spirituelle des enfants catholiques (choses qu'elle ignore complétement) doivent être protégés *de la même manière* que la vie et la moralité des enfants en général? Il est évident que la révélation seule peut, à cet égard, nous donner quelque lumière.

La dernière ressource du théologien de l'*Univers* est de nous dire, avec son assurance ordinaire : « En tout ce qui est de droit divin naturel et de droit divin révélé, le Pape interprète la loi souverainement, infailliblement (comme si toutes les décisions du Pape, dans la doctrine même des ultramontains, étaient infaillibles!), mais il ne peut ni l'abroger, ni la modifier, ni en dispenser personne; encore moins pourrait-il s'en dispenser lui-même. » (*Univers*, 17 novembre, dans un article en réponse à la *Gazette de France*). Notre docteur reconnaît donc, tant ce principe est incontestable, que l'Église ne peut déroger au droit naturel. Mais il se croit si sûr de son principe d'interprétation, qu'il va jusqu'à prétendre que le droit du Souverain-Pontife, dans l'affaire Mortara, serait toujours le même, aussi incontestable « quand bien même aucune loi ecclésiastique n'aurait pas déterminé la conduite à tenir en de telles occasions, et que l'abrogation de la loi existante ne détruirait ni son droit, ni son devoir.» Pour faire voir la différence radicale qui existe entre l'*interprétation* d'une loi et la *dérogation* à cette même loi, il suffit de bien définir ces deux mots, ce que le théologien de l'*Univers* s'est bien gardé de faire, car il aurait vu s'évanouir son sophisme. Interpréter une loi c'est en développer le sens, en faire voir les applications, expliquer ce qu'elle peut avoir d'obscur et d'ambigu. Déroger à une loi, c'est la modifier, la changer, s'en écarter, y faire quelque chose de contraire. On voit la différence : il suit de là qu'un docteur particulier, une autorité inférieure peut interpréter la loi, tandis que le législateur seul peut y déroger. Prenons un exemple dans les lois ecclésiastiques,

la loi d'abstinence, qui est une loi générale de l'Église.
Un simple théologien, un évêque, un concile particulier
peuvent interpréter la loi de l'abstinence ou du jeûne,
c'est-à-dire expliquer de quelle manière elle doit s'observer, dans quel cas elle oblige ou n'oblige pas ; ils ne peuvent y déroger, c'est-à-dire la changer, ou la suspendre
plus ou moins longtemps. Dans l'ordre civil les juriscon-
sultes dans leurs consultations, les tribunaux par leurs ar-
rêts interprètent la loi ; ils ne peuvent la modifier ou en
dispenser. Ce pouvoir est réservé aux législateurs. Il ne
saurait donc y avoir lieu à une interprétation de la loi naturelle pour justifier l'enlèvement de Bologne, puisque cette
loi étrangère, ainsi que son nom l'indique assez, à tout ce
qui est surnaturel, et bien antérieure à l'institution du
baptême, n'a rien statué et n'a pu rien statuer sur les effets de ce sacrement. D'un autre côté, le théologien de
l'*Univers* reconnaît que l'autorité ecclésiastique n'a pu
déroger à la loi naturelle : il y a donc eu violation; et il ne
reste plus à ce malencontreux écrivain qu'à se réfugier de
nouveau dans le concile de Tolède.

Une autre solution, plus sérieuse, a été proposée. Des
théologiens se sont demandé si, tout en reconnaissant le
principe de l'autorité paternelle, on ne pouvait pas admettre que ce principe, sur le point qui nous occupe, avait
été modifié par le droit divin, c'est-à-dire, si le divin Fon-
dateur du christianisme avait voulu et ordonné que l'enfant
baptisé d'une famille infidèle cessât de lui appartenir pendant le temps nécessaire pour le préserver du danger de
l'erreur, et développer en lui la grâce du baptême.

Ah ! sans doute, si l'on nous prouvait que Dieu, l'auteur de
la loi naturelle, et qui peut la modifier dans ses dispositions
secondaires, a permis ou prescrit cette dérogation, chrétiens

et catholiques, nous l'accepterions comme tout ce qui émane de cette suprême autorité, nous nous soumettrions humblement au pouvoir de Celui *a quo omnis paternitas in cœlis et in terra nominatur.* (Eph. CIII, v. 15.) Mais il faudrait, pour constater cette volonté de Dieu, nous apporter un texte formel de l'Évangile, ou bien le témoignage d'une tradition claire, constante et unanime, ou quelque définition dogmatique. On ne citera certainement ni texte de l'Évangile, ni définition dogmatique; et, de bonne foi, peut-on prétendre que le IVe concile de Tolède, qui a méconnu les bornes de la juridiction ecclésiastique, Benoît XIV, dans son instruction à son vicaire de Rome, s'appuyant sur ce concile, et les théologiens du moyen âge qui ont soutenu la suprématie de l'autorité spirituelle, même dans l'ordre temporel, doivent nous tenir lieu de cette tradition constante, unanime et incontestable? Est-ce à de pareils caractères qu'on a coutume de la reconnaître? La loi divine n'a donc point dérogé à la loi naturelle; la loi de grâce n'a point aboli la loi de nature. Le baptême n'a point anéanti ou suspendu, si vous voulez, les droits naturels. *Lex gratiæ legem naturæ non destruxit et præceptum baptismi alia jura naturalia non sustulit.* D'un autre côté, l'Église ne saurait y porter aucune atteinte; ses lois ne peuvent prévaloir sur le droit naturel des parents (pas plus que sur celui des princes). *Juri paterno, quod naturale est, prævalere non possunt ecclesiæ leges.* Ce droit reste donc tout entier, il est inviolable. (1)

(1) Il serait assez surprenant que l'Église qui ne saurait enlever à une famille soumise à son autorité spirituelle un enfant que cette famille refuserait d'élever chrétiennement, qu'elle voudrait, par exemple élever dans la religion de Mahomet ou de Confucius,

Il est facile dès lors de voir qu'il n'y avait pas lieu pour nous d'appliquer à la question présente la distinction du régime de liberté religieuse et du régime de protection. Le régime de liberté religieuse est celui où nous vivons aujourd'hui ; le régime de protection était en vigueur sous l'ancienne monarchie, avant 1789. Dans ce régime, l'Église, si elle n'avait pas la puissance temporelle, recourait au pouvoir civil pour assurer l'exécution de ses lois ; c'était ce qu'on appelait alors le recours *au bras séculier*. Mais la première condition de cette intervention du pouvoir civil n'était-elle pas que la loi de l'Église fût juste et son droit incontestable ? Autrement, ce pouvoir n'aurait-il pas refusé son concours ; car dans l'hypothèse (qui est la nôtre) de l'indépendance respective des deux puissances, c'était à lui de juger s'il devait concourir ou non. Ainsi l'Église établissait des fêtes, je suppose, bien entendu, que le nombre de ces fêtes n'était pas excessif, c'était son droit. Le magistrat pouvait prêter son concours dans cette circonstance et dans d'autres semblables : la loi de l'Église devenait loi de l'État ; les deux puissances unissaient et confondaient, pour ainsi dire, leur autorité. Cependant si l'autorité ecclésiastique, s'appuyant sur quelque texte du droit canon, s'était adressée au magistrat pour le requérir ou le prier d'enlever à sa famille un enfant baptisé juif ou protestant, le représentant du pouvoir civil eût, sans doute, dénié son concours en opposant le droit naturel de la famille, et la chose ne serait pas allée plus loin. Le régime de protection suppose donc, avant tout, le droit de l'autorité spirituelle, l'équité de la loi ecclésiastique ; autrement il demeure sans application.

pût enlever un enfant à une famille juive sur laquelle elle n'a point de juridiction.

Maintenant, faut-il s'étonner que Dieu n'ait pas conféré à son Eglise un pareil droit? Assurément non : pas plus qu'il ne faut s'étonner qu'il ne lui ait pas conféré la suprématie sur le pouvoir temporel. Bossuet, à la suite du pape saint Gélase, donne de cette dernière disposition de la Providence une raison bien frappante : C'est, dit il, de peur que celui-ci qui serait revêtu d'un tel pouvoir ne s'enflât d'orgueil, et aussi afin que chacune des deux autorités ainsi séparées pût s'occuper avec plus de soin et d'attention des choses de sa compétence. Le Christ a séparé le sacerdoce et l'empire, afin, dit saint Gélase, que la modestie des deux ordres fût conservée, et de peur que celui qui dominerait également dans l'un et dans l'autre ne s'élevât trop haut, *ut modestia utriusque ordinis curaretur, ac ne extolleretur utroque suffultus.* Mais il faut rapporter le passage tout entier, afin qu'on en voie mieux le contraste avec d'autres paroles que nous avons citées plus haut. Le pape Gélase vivait au cinquième siècle.

« Le Christ, dit-il, connaissant la fragilité humaine, *memor fragilitatis humanæ*, a merveilleusement disposé ce qui devait servir au salut des siens, en distinguant par des fonctions et des dignités particulières les deux pouvoirs qu'il a établis. Voulant sauver ceux qui lui appartiennent par une salutaire humilité et les préserver d'un orgueil mondain, il a réglé que les empereurs chrétiens auraient besoin des pontifes pour ce qui regarde la vie éternelle, (*pro vita æterna*), et que les pontifes recourraient aux empereurs pour tout ce qui dépend de l'ordre temporel (*pro temporalium cursu rerum*), afin que le ministère spirituel ne perdît rien de sa dignité, et que celui qui est enrôlé au service de Dieu ne se jetât pas dans l'embarras des affaires du siècle, et pareillement pour que celui qui s'est engagé dans les affaires séculières ne parût pas présider aux choses divines ; qu'ainsi la modestie des deux ordres fût préservée, et que personne, possédant à la fois l'un et l'autre pouvoir, ne fût tenté de s'élever plus qu'il ne convient (1). »

Voilà comment un saint pape expliquait pourquoi Dieu n'avait point donné à son Eglise le pouvoir sur le temporel.

Eh bien ! nous croyons avoir aussi une très-bonne raison pour ne point admettre que Dieu ait donné à son Eglise le droit d'enlever à leurs familles les enfants baptisés ; c'est qu'il n'y aurait rien de plus propre qu'un tel droit pour rendre l'Eglise odieuse et lui attirer de terribles représailles. Nous l'avons dit, quand l'autorité civile retire un enfant à ses parents dénaturés, personne ne s'en émeut ; loin de là, tout le monde l'approuve. Mais voici un cas bien différent.

C'est un enfant qui a été élevé au foyer de la famille jusqu'à l'âge de sept ans. Non-seulement ses parents n'ont pas abjuré les sentiments de la nature (2), mais ils ont rempli tous les devoirs de la piété paternelle ; ils aiment, ils chérissent leur enfant ; ils sont prêts à tout sacrifier pour lui. Et vous allez leur ravir cet enfant, l'arracher des bras maternels et l'emmener, je dirais presque comme un enfant atteint et convaincu de quelque délit, à quatre-vingts lieues de sa ville natale, pour l'enfermer dans un *hospice de catéchumènes* (3) ! Plût à Dieu qu'on pût ne voir là qu'une

____

(1) *Defensio declarationis Cleri Gallicani*, l. 1, sect. 11, c. 24.

(2) La correspondance de Rome nous apprend que c'est une famille honorable. « Il est bon de savoir, dit-elle, qu'à part la religion qu'ils professent, les parents d'Edgard sont des gens estimables et de bonne éducation. » (*Univers*, 11 nov.)

(3) Nous avons lu, dans cette même correspondance de Rome que nous venons de citer, des nouvelles assez détaillées du jeune

hypothèse, et que je fusse réduit moi-même à une simple discussion théorique ! Je le demande, si quelque chose pouvait jamais rendre odieuse une religion si sainte et si bienfaisante, ne serait-ce pas un fait comme celui que nous venons de retracer ? J'en atteste cette explosion générale de surprise, de mécontentement, et je puis dire d'indignation, qui s'est produite quand cette nouvelle a été jetée dans le public ; car il ne faut pas s'imaginer que le blâme soit venu seulement du côté du parti irréligieux ou notoi-

Edgard. Voici un passage de cette correspondance reproduite par l'*Univers*. La scène est à Rome, à l'hospice des catéchumènes; il s'agit de la première visite du père. « La première impression de cet homme, en revoyant son fils, fut des plus vives ; un instant il perdit connaissance. Revenu à lui, il serra son enfant dans ses bras, le couvrit de caresses, de baisers et de larmes, lui exprimant son désir et celui de sa mère de le revoir à la maison, lui disant que toute sa famille était, à cause de lui, dans une désolation extrême ; enfin tout ce que peuvent suggérer l'amour paternel et la douleur. On vit des larmes couler sur les joues de l'enfant... » (*Univers*, 11 nov.) On lit encore, dans cette correspondance, qu'après une visite de sa mère, qui s'évanouit en le voyant, le jeune Edgard dit que si elle revenait il se cacherait pour ne plus entendre de *pareilles paroles* (elle lui avait dit qu'il devait rester fidèle à la religion dans laquelle il était né), et qu'il se figurerait que c'est un morceau de bois qui lui parle. — Une mère, un morceau de bois ! Une mère qui s'évanouit en vous retrouvant après une cruelle séparation ! Vous ne connaissez donc pas cette parole de l'Ecriture : *gemitûs matris tuæ ne obliviscaris* (Eccl. c. VII, v. 29.), Mais c'est là probablement du *naturalisme*. Dans une autre circonstance le père et la mère s'étant présentés tout à coup pour voir leur enfant dans une petite ville, à quelque distance de Rome, où il était avec le directeur de l'hospice des catéchumènes, ils ne purent approcher de lui. Sur l'avis du directeur, l'évêque s'entendit avec le gouverneur pour le soustraire à leur empressement, de peur qu'ils ne *l'enlevassent ;* et ils furent obligés de retourner à Rome pour le voir audit hospice. Et vous croyez que de pareils tableaux sont de nature à calmer l'opinion et à vous la ramener ! Je vous admire !

rement hostile au clergé ; non, il est venu aussi de la part des hommes les plus favorables à la religion et à son influence salutaire sur la société. Nous avons vu les meilleurs catholiques s'en affliger ; l'étonnement a été à peu près général, et le silence même a parlé dans cette occasion. De bonne foi, peut-on croire qu'il y ait quelque proportion entre les avantages d'une éducation chrétienne dont le succès définitif est fort douteux encore, pour plus d'une raison, et les résultats déplorables, et pour le clergé et pour la religion, produits par l'événement de Bologne ?

Ce n'est pas tout : il y a encore un autre péril à craindre, c'est celui des représailles. Si les catholiques enlèvent les enfants des infidèles dans les pays où ils sont les plus forts, les infidèles, les musulmans n'enlèveront-ils pas les enfants des catholiques dans les pays où ils sont les plus nombreux, où ils ont le pouvoir en main ? Quelle sera la conduite des Grecs schismatiques ? Comment pourra-t-on blâmer les luthériens de Suède et d'ailleurs ? Et que dirait-on à une nouvelle Convention qui viendrait s'emparer de tous les enfants pour leur donner une éducation nationale, aux frais de la république ? On lui opposerait, sans doute, le droit naturel, le droit sacré des familles. Ne pourrait-elle pas répondre que ce droit n'est pas inviolable, et que l'Église l'a prouvé par sa doctrine et par ses actes ?

On dira, sans doute, qu'il s'agit ici d'un cas d'exception dont l'application est rare. Si l'application est rare, le principe est très-étendu. Qui ne voit, disions-nous, dans notre première lettre sur ce sujet, jusqu'où s'étendraient les conséquences, si l'on posait une fois en principe que le danger de perversion dans la foi de la part des parents, autorise à leur soustraire leurs enfants et à les séquestrer ? La doctrine de nos adversaires donne à l'Église un droit

souverain sur tous les enfants baptisés ; il s'agit seulement
d'être conséquent. Bien plus, si l'on s'empare des enfants
baptisés pour assurer leur salut éternel, pourquoi ne s'em-
parera-t-on pas, par la même raison, comme le prescrivait
le concile de Tolède, des enfants qui ne le sont pas, puisqu'ils ne peuvent être sauvés que par le baptême ? Jusqu'où
n'est-on pas entraîné quand on s'écarte des limites du vrai
et du juste ? Du reste, je suis tout disposé à faire la part d'un
zèle légitime dans cette circonstance. Que le gouvernement
romain eût fait tout ce qui dépendait de lui pour obtenir de
la famille Mortara qu'elle consentît à ce que son fils baptisé reçût le bienfait d'une éducation chrétienne, personne,
je pense, ne l'eût désapprouvé, et ici peut s'appliquer le
principe de saint Thomas : — *Tunc est inducendus ad
fidem non coactione sed persuasione.* Il faut l'amener à
la foi, non par la coaction, mais par la persuasion. Voilà
tout ce qui était permis ; le droit sacré de la famille et
l'intérêt même de la religion ne permettaient pas d'aller
plus loin.

J'entends des âmes pieuses me dire : « L'intérêt du salut
éternel doit l'emporter sur tous les autres intérêts, et tout
doit lui être sacrifié. » C'est ici le cas de rappeler un principe fondamental en morale, et qu'on oublie néanmoins
trop facilement. Sans doute, le salut éternel est préférable
à tous les biens d'ici-bas, et à la vie même. Cependant
sera-t-il permis d'enlever à quelqu'un une partie de ce
qu'il possède pour assurer son salut ! Sera-t-il permis de
mentir, d'injurier, de diffamer pour contribuer au salut
de son prochain ? Non, sans doute ; et la raison en est qu'il
ne faut jamais faire un mal, même un petit mal, pour obtenir un bien, et même un grand bien, parce que le mal est
toujours mal, et qu'il ne peut changer de nature par l'in-

tention ou le but qu'on se propose : *Non sunt facienda mala ut eveniant bona.*

L'Église ne sera jamais plus forte pour défendre ses droits spirituels que lorsqu'elle respectera inviolablement ceux de l'ordre temporel. Le droit du père de famille n'est pas moins incontestable que celui du prince ; la puissance paternelle est un des fondements de la société, et l'*Univers* lui-même remarquait dernièrement qu'un des États les plus solidement constitués, était celui où cette puissance est le mieux protégée par la loi. Toutes les vérités se tiennent, et nous vivons à une époque où il ne faut en ébranler aucune. On a dû, il n'y a pas encore bien longtemps, défendre avec énergie les droits de la propriété, cet autre fondement de l'ordre social. Est-il pour les familles une propriété plus sacrée que celle des enfants que Dieu leur a donnés? Non, la religion ne peut faire violence aux sentiments les plus intimes et les plus légitimes du cœur humain, méconnaître ses affections les plus chères et les plus inaltérables, méconnaître ce que le consentement unanime de tous les siècles et de tous les peuples a consacré!

Nous aurions pu nous arrêter ici, en résumant de cette sorte notre discussion : De droit naturel, l'enfant appartient à ses père et mère. Dieu, dans l'institution du baptême, n'a point dérogé à cette disposition du droit naturel, l'Église ne peut infirmer la loi divine : donc l'enfant baptisé ne cesse pas d'appartenir à sa famille, et ne peut lui être enlevé sans violer un droit incontestable. Mais nous ne pouvons laisser sans réponse un reproche qu'on nous a adressé, et sur lequel on a insisté comme sur une observation profonde, je veux parler du reproche de *naturalisme.*

Nous pensions que le *naturalisme* était le système de
ceux qui voient la nature partout à l'exclusion de son
Auteur, c'est-à-dire le système des athées. « Le naturalisme, dit le *Dictionnaire de l'Académie*, est le système de
ceux qui attribuent tout à la nature comme premier principe. » Mais il paraît que ce n'est pas ainsi que l'entendent nos adversaires. Le naturalisme pour eux, si je suis
bien entré dans leur pensée, serait le système qui s'ef-
force en théologie, en histoire et peut-être ·en quelqu'autre science, de mettre l'ordre naturel à la place
de l'ordre surnaturel, de rapporter à des causes naturelles ce qui doit être attribué à des causes surnaturelles.
La question serait de savoir s'il ne s'en trouve pas aussi
qui donnent dans l'excès contraire, qui veulent voir du
surnaturalisme partout, et même dans les choses qui
peuvent très-bien s'expliquer d'une manière toute naturelle (1). Quoi qu'il en soit, le système du naturalisme n'est
pas le nôtre. Nous aimons à voir Dieu partout ; mais enfin
Dieu ne déroge pas sans cesse et partout à ces lois de la
nature qu'il a lui-même établies pour le gouvernement du
monde ; il est donc très permis de distinguer soigneusement ce qui peut s'expliquer par des causes naturelles de
ce qui, n'étant pas susceptible d'une pareille explication,
doit en conséquence se rapporter à un ordre supérieur.
Il doit être surtout permis, sans encourir le reproche de
naturalisme, de ne pas croire que Dieu ait dérogé à un
principe du droit naturel, quand on n'en voit point des
preuves claires et décisives. Telle était notre pensée, lorsque nous avons lu dans l'*Univers* du 9 novembre le passage suivant extrait du *Journal de Rome* :

(1) Comme y parait assez disposé l'auteur des articles, publiés
dans l'*Univers*, sur la vie et les œuvres de Marie d'Agreda.

« *L'Univers* du 24 courant (oct.) a publié un long et *profond* article du Père Guéranger, où il prend texte d'un fait dont les lamentations de la presse irréligieuse font retentir le monde, pour montrer que le *naturalisme* a malheureusement de nos jours envahi beaucoup d'intelligences. Il fait voir qu'un grand nombre de chrétiens, ayant perdu le *véritable esprit de l'Église* à laquelle ils appartiennent, se montrent avant tout préoccupés, non *du droit souverain* du Christ sur tous ceux que le sacrement de la régénération a faits ses membres, mais de l'autorité de la famille naturelle sur ses enfants; non des droits de l'Église, mère commune, mais des *préjugés païens* de la société moderne; non du salut éternel d'un chrétien, mais des idées de liberté personnelle qui leur semblent une conquête à la conservation de laquelle on doit tout sacrifier, et qu'ils ne veulent considérer la vérité de la foi et de la pratique chrétienne qu'à travers ces préjugés naturalistes. »

On ne lit pas de telles paroles sans quelque surprise. Remarquons d'abord que c'est là un de ces arguments qui ne prouvent rien parce qu'ils prouvent trop. Car il faudrait, pour se mettre tout à fait à l'abri du *naturalisme* et des *préjugés païens*, préférer l'intérêt religieux toutes les fois qu'il se trouve en contact avec quelque intérêt d'un ordre différent. Ainsi, par exemple, lorsqu'il s'agit de l'autorité des deux puissances, on devrait se prononcer pour la suprématie du pouvoir spirituel sur le pouvoir civil, même dans l'ordre temporel ; car c'est précisément sur l'intérêt religieux que se fondaient les défenseurs de cette suprématie. Vous nous parlez du droit souverain du Christ sur tous ceux que le sacrement de la régénération a faits ses membres. Mais prétendez-vous que le pouvoir de l'Église ait la même étendue que celui du Christ ? le Christ était le maître absolu de toutes les nations : pensez-vous que cette même autorité appartienne à l'Église. Droit souverain sur tous ceux que le sacrement de la régénération a faits ses membres! Mais alors l'Église pourra donc disposer d'une manière absolue de tous ceux que le baptème a faits ses enfants, disposer de leurs personnes, de leurs biens, les séquestrer pour les rendre meilleurs chrétiens, les transporter d'un pays dans un autre; car le droit souverain comprend toutes ces choses et d'autres encore. Vous nous reprochez de nous montrer moins préoccupés des droits de l'Église, mère commune, que de l'autorité de la famille naturelle sur ses enfants, de la même manière que vous nous reprochez, dans d'autres occasions, de nous préoccuper plus des intérèts et des droits du pouvoir civil que des intérêts et dès droits de l'Église. Mais quoi! le suprême Législateur n'a-t-il pas dit : « Rendez à César ce qui est à César, et à Dieu ce qui est à Dieu. » A quoi bon s'occuper de César et de son pouvoir temporel? C'est là du *naturalisme*. Le pouvoir de César, comme celui du père de famille, ne doit-il pas disparaître devant un pouvoir supérieur? Il suffisait donc de dire : Rendez à Dieu ce qui est à Dieu, et à l'Église ce qui est à l'Église.

Nous croyons pourtant qu'on peut donner de ce double précepte, de cette double préoccupation, si j'ose le dire, une raison assez satisfaisante : c'est que Dieu est également l'auteur de l'ordre naturel et de l'ordre surnaturel. C'est lui qui a fondé l'Eglise qui nous dirige dans les voies du salut, et c'est lui qui a fait les princes pour nous gouverner dans l'ordre temporel : *per me reges regnant.* C'est lui aussi qui a créé la famille, et qui, en la créant, a établi la puissance paternelle : enfin c'est lui qui a formé entre les parents et leurs enfants les liens les plus étroits qu'on puisse imaginer. Et vous voulez qu'il nous soit interdit, sous peine de perdre le véritable esprit de l'Eglise, de tomber dans le naturalisme et les préjugés païens, de nous intéresser *à cette autorité de la famille naturelle sur ses enfants*, à cette autorité qui a Dieu lui-même pour auteur, à ces sentiments qu'il a lui-même imprimés à notre nature ; d'examiner s'il lui a plu de déroger à cette autorité dont il est le principe, et s'il a départi ce pouvoir à son Eglise ! Vous voulez que le quatrième concile de Tolède ait pu séparer ce que Dieu a uni !

Terminons en disant, suivant notre intime conviction, que si Dieu n'a pas délégué à son Église le pouvoir de déposer les rois et de délier leurs sujets du serment de fidélité, c'est qu'il a prévu les guerres civiles, les troubles sans fin, en un mot tous les maux qui en résulteraient pour le sacerdoce et pour l'empire, et s'il n'a pas donné à son Eglise le droit de ravir les enfants à leurs familles, c'est qu'il a prévu que rien n'était plus propre à rendre odieuse cette institution du baptême par laquelle il a voulu nous sauver et à soulever contre son Église toutes les passions, et, ce qui est plus déplorable encore, les sentiments les plus naturels du cœur de l'homme.

Nous cédons au conseil qu'on nous donne d'ajouter encore quelques mots sur un article que la *Civiltà cattolica*, qui se publie à Rome, a consacré dans son dernier numéro à l'affaire Mortara. Nous ne savons si cet article est le Mémoire dont on nous a plusieurs fois annoncé l'apparition. Quoi qu'il en soit, cet article a pour titre : *Il piccolo Neofito Edgardo Mortara*. La *Civiltà cattolica* commence par adresser aux improbateurs de la mesure prise à Bologne ce vain reproche de naturalisme dont nous avons déjà fait justice. Elle nous donne ensuite un récit assez détaillé de ce qui s'est passé à Bologne et à Rome. Ce récit confirme le tableau que nous avons tracé sans aucune exagération. La *Civiltà* convient que ni le père (quoi qu'on en ait pu dire) ni la mère du jeune Mortara n'étaient disposés à se laisser ravir leur enfant; *non avrebbero mai consentito per cosa del mondo che si facesse col loro beneplacito.* Il fallut donc recourir au *bras séculier*, qui ne devait pas, sans doute, se montrer bien difficile; et alors on trancha la difficulté d'une manière un peu vive, *e pero bisogno tagliare un po' corto.* La violence est donc bien constatée. Le recueil italien appelle cela *un atto un po' gagliardo*, une action un peu hardie.

Il ne peut néanmoins s'empêcher de convenir que même des âmes catholiques n'ont pu voir sans étonnement, et même sans une espèce de scandale (nous traduisons), un pontife, établi défenseur suprême de tous les droits et juge sans appel de tous les devoirs, séparer violemment un fils de ses père et mère : lui, le vicaire ici-bas de celui qui fut un modèle d'ineffable douceur, et qui pour sécher les larmes de la veuve de Naïm, lui rendit son fils en l'arrachant miraculeusement des bras de la mort ! Tout cela, poursuit notre auteur, est très-vrai, *tutto questo é verissimo.* Aveu naïf ! Cependant, ajoute-t-il, nous ne devrions pas nous étonner, nous autres chrétiens, de voir le Pape faire quelquefois ce que le Christ a fait lui-même et ce qu'il a déclaré qu'il était venu faire. —Non, le Christ n'a jamais rien fait de semblable. L'Évangile nous le montre bénissant avec bonté les enfants qu'on lui présentait; il ne nous dit pas qu'il ait commandé à ses disciples d'enlever ces enfants pour en faire des chrétiens. Il conseille à un jeune homme de vendre ses biens s'il veut être parfait et de le suivre; mais il le laisse maître de son choix. Il s'adressait à la raison de l'homme et à sa libre volonté, et, dans le royaume spirituel qu'il était venu établir, il voulait tout devoir à la persuasion, rien à la violence.

Mais, dites-vous, ne lisons-nous pas dans saint Matthieu, chap. 10, v. 34-35 : « Ne pensez pas que je sois venu apporter la paix sur la terre : je ne suis pas venu apporter la paix, mais le glaive? Je suis venu séparer l'homme de son père et le fils de sa mère. » Sans doute, ces paroles sont les paroles de Jésus-Christ, *queste parole sono parole di Christo.* Mais quel en est le sens? quel est ce glaive, cette guerre que Jésus-Christ est venu apporter sur la terre? C'est le glaive de la foi, et non celui des hommes armés; c'est une guerre toute spirituelle et toute intérieure; c'est la guerre à nos mauvais penchants, aux inclinations déréglées de la nature, et non la guerre civile! Quelles sont ces séparations dont il nous entretient? Ce sont des séparations toutes volontaires, fruits de la persuasion et de la bonne volonté, et qui n'ont nullement besoin du recours au bras séculier; c'est la séparation d'un sectateur du paganisme qui, en se convertissant à la foi chrétienne, changeait de vie, de croyance, de religion, et, sur tous ces points, se séparait de ses proches et de la société au milieu de laquelle il vivait; c'est la séparation d'un chrétien qui s'éloigne du monde et se retire dans quelque thébaïde pour suivre une vie plus parfaite; celle d'un fils de famille qui renonce aux avantages du monde et de la fortune pour travailler au salut des âmes et à la gloire de Dieu, pour aller, peut-être, porter sur quelque plage lointaine la bonne nouvelle de l'Évangile! Et vous comparez ces séparations toutes spontanées, parfaitement libres, sans l'apparence même d'une contrainte extérieure, vous les comparez avec la séparation violente de Bologne!

Voilà tout ce que l'écrivain de la *Civiltà* a pu trouver dans l'Écriture! Du reste, il n'entre pas dans la question théologique; il ne paraît pas se douter qu'il serait assez important de prouver que l'auteur du christianisme, en instituant le sacrement de la régénération, a délégué à son Église le pouvoir d'enlever les enfants à leur famille pour leur donner une éducation chrétienne, et que, tant qu'on n'a pas prouvé ce point, tous les arguments de pure raison, toutes les comparaisons sont de nulle valeur. Il suppose la chose bien établie et non contestée. Il ne croit pas même avoir besoin d'invoquer l'autorité du IV° concile de Tolède, à moins qu'il ne fasse allusion à ce concile, lorsqu'il dit que cette pratique s'observe depuis longtemps dans l'Église. *Cosi ab antico ha ordinalo et praticato la Chiesa.* Il s'imagine qu'un catholique n'a autre chose à faire qu'à s'enquérir si le baptême a été réellement administré, et voici à peu près, en résumé, quelle est sa manière d'envisager la question : Tel est l'usage à Rome, la Sacrée-Congrégation chargée de ces sortes d'affaires, *che e sopra somiglianti bisogne*, a examiné soigneusement le cas dont il s'agit, elle a donné des ordres ; ils ont été ponctuellement exécutés. La famille Mortara ne doit-elle pas s'estimer heureuse que l'on veuille bien se charger gratuitement de l'éducation d'un de ses enfants? N'en reste-il pas encore sept à la maison paternelle? En vérité, il est inconcevable que des catholiques puissent prendre un si grand intérêt à la postérité de Jacob, et qu'on fasse un pareil vacarme pour un bambin de sept ans, rejeton obscur d'une plante parasite, *germoglio oscuro di pianta parasita.*

L'écrivain de la *Civiltà* essaie bien quelques arguments; mais à la manière dont il les propose, il ne paraît pas y avoir grande confiance. « La loi, dit-il, ordonne de sous-

traire à un père dénaturé son enfant. *Pourquoi* serait-il injuste de faire pour la vie éternelle d'une créature humaine
ce qu'on peut faire très-justement pour sa vie temporelle?»
Pourquoi? parce que Dieu ne l'a pas réglé ainsi. — « L'É-
glise ne doit-elle pas mettre tout en œuvre pour assurer l'é-
ducation chrétienne d'un enfant baptisé? et, ce devoir sup-
posé, *comment* n'aurait-elle pas le droit de faire ce qui est
indispensable pour le remplir?» — L'Église a le droit de tout
faire pour remplir ce devoir, excepté d'enfreindre la loi
naturelle, parce que c'est là une chose que l'Église ne peut
jamais faire.

Enfin, cet écrivain nous oppose l'argument de la paternité spirituelle dont parle aussi l'*Univers.* « Il serait bien
étrange, s'écrie-t-il, *sarebbe stranissimo,* que cette paternité d'un ordre si relevé ne l'emportât pas sur la paternité naturelle. Ces deux paternités se trouvant en opposition formelle, et les droits de celui qui donna la vie mortelle
ne pouvant se concilier avec les droits de celui qui régé-
nère pour le ciel, il ne faut qu'un grain de foi et de sens
commun pour décider lequel doit prévaloir, *basta un fil di
fede et di senso comune.* Le droit naturel est, non pas violé,
mais *élidé* par un autre qui lui est infiniment supérieur,
« *è eliso da altro smisuratamente piu poderoso.* » Ce
sont là de ces arguments à l'usage des docteurs d'outre-
monts. L'ordre temporel doit céder à l'ordre spirituel, la
paternité surnaturelle doit l'emporter sur la paternité naturelle, et le Pape a le droit d'enlever au prince sa cou-
ronne, et au père ses enfants, quand l'intérêt de la religion
le demande. Il ne faut qu'un grain de foi et de sens commun pour voir tout cela clair comme le jour. Ajoutons que
cet argument de la paternité spirituelle est absolument
celui de la supériorité du pouvoir spirituel sur le pouvoir

temporel, d'où l'on concluait la supériorité de l'un sur l'autre. Voici, d'après Fénelon, comment raisonnaient les docteurs ultramontains du moyen-âge. « Jésus-Christ est le prince des rois de la terre, le Roi des rois et le Seigneur des seigneurs; le pape est le vicaire de Jésus-Christ sur la terre : il peut donc, comme représentant de Jésus-Christ, commander aux rois. »

Qui ne voit de même, dans le cas présent, jusqu'où irait ce prétendu droit de paternité spirituelle? Le pape est le père spirituel non-seulement des enfants juifs baptisés, mais, sans doute, de tous les enfants qui ont reçu le baptême. Son droit devrait donc prévaloir sur celui de tous les pères de famille. N'insistons pas davantage.

Ce que nous ne pouvons surtout passer à l'auteur italien, c'est qu'il prétende ne voir, dans la réclamation universelle qui s'est élevée contre l'enlèvement de Bologne, autre chose qu'une comédie ou une tragédie jouée par l'Europe philantropique et humanitaire. Il faut mettre ce passage sous les yeux du lecteur :

« … Non sappiam bene se la comedia o la tragedia che
« si sta giuocando d'all' Europa filantropica ed humanita-
« ria, commossa fin nelle viscere all' immane e miserando
« spettacolo di un bambino di razza giudaica, il quale,
« divenuto cristiano, è messo in un colleggio cristiano
« dal Santo Padre. »

Non, non, vous cherchez en vain à donner le change. Il n'y a ici ni tragédie ni comédie, et s'il était quelque chose de tragique en cette affaire, tout le monde sait où il faudrait placer la scène. L'émotion n'a pas été factice, elle a été vraie et profonde. On a senti comme simultanément qu'un principe de justice naturelle avait été atteint, et les hommes les plus partagés sur d'autres points se sont trouvés d'accord sur celui-ci. Ce n'est pas un bambin mis dans un collége, l'enfant d'une famille ignorée, c'est le droit sacré de l'autorité paternelle méconnu qui a si vivement préoccupé les esprits. La controverse sur un pareil sujet est une des plus graves qui puissent se présenter, et la société tout entière devait y prendre part. L'événement qui l'a fait naître a froissé les idées les plus universellement admises, les sentiments les plus vifs et les plus légitimes, et ne voir dans le soulèvement d'une opinion aussi générale qu'une misérable comédie, ne craignons pas de le dire, c'est insulter à la conscience publique.

Enfin l'écrivain de la *Civiltà* pose une question qui est comme le résumé pratique de toute cette discussion et à laquelle il ne nous semble pas difficile de répondre. Quoi! dit-il, faudrait-il rendre cet enfant à ses parents? Ne sait-on pas quelles sont leurs dispositions, et la religion permet-elle de l'exposer à un si grand danger? Nous répondrons simplement : L'enfant appartient de droit naturel à sa famille, et l'enlèvement de Bologne n'a pas fait qu'il ait cessé de lui appartenir.

Paris. — DE SOYE et BOUCHET, imprimeurs, place du Panthéon, 2.

www.ingramcontent.com/pod-product-compliance
Lightning Source LLC
LaVergne TN
LVHW021816170726
843503LV00007B/3200